Pedro Calderón de la Barca

Loa en metáfora
de la piadosa hermandad del refugio

Barcelona 2024
Linkgua-ediciones.com

Créditos

Título original: Loa en metáfora.

© 2024, Red ediciones S.L.

e-mail: info@linkgua-ediciones.com

Diseño de cubierta: Michel Mallard.

ISBN rústica: 978-84-9816-446-6.
ISBN ebook: 978-84-9953-305-6.

Cualquier forma de reproducción, distribución, comunicación pública o transformación de esta obra solo puede ser realizada con la autorización de sus titulares, salvo excepción prevista por la ley. Diríjase a CEDRO (Centro Español de Derechos Reprográficos, www.cedro.org) si necesita fotocopiar, escanear o hacer copias digitales de algún fragmento de esta obra.

Sumario

Créditos	4
Brevísima presentación	7
La vida	7
Loa	9
Personajes	10
Acto único	11
Libros a la carta	31

Brevísima presentación

La vida

Pedro Calderón de la Barca (Madrid, 1600-Madrid, 1681). España.

Su padre era noble y escribano en el consejo de hacienda del rey. Se educó en el colegio imperial de los jesuitas y más tarde entró en las universidades de Alcalá y Salamanca, aunque no se sabe si llegó a graduarse.

Tuvo una juventud turbulenta. Incluso se le acusa de la muerte de algunos de sus enemigos. En 1621 se negó a ser sacerdote, y poco después, en 1623, empezó a escribir y estrenar obras de teatro. Escribió más de ciento veinte, otra docena larga en colaboración y alrededor de setenta autos sacramentales. Sus primeros estrenos fueron en corrales.

Lope de Vega elogió sus obras, pero en 1629 dejaron de ser amigos tras un extraño incidente: un hermano de Calderón fue agredido y, éste al perseguir al atacante, entró en un convento donde vivía como monja la hija de Lope. Nadie sabe qué pasó.

Entre 1635 y 1637, Calderón de la Barca fue nombrado caballero de la Orden de Santiago. Por entonces publicó veinticuatro comedias en dos volúmenes y La vida es sueño (1636), su obra más célebre. En la década siguiente vivió en Cataluña y, entre 1640 y 1642, combatió con las tropas castellanas. Sin embargo, su salud se quebrantó y abandonó la vida militar. Entre 1647 y 1649 la muerte de la reina y después la del príncipe heredero provocaron el cierre de los teatros, por lo que Calderón tuvo que limitarse a escribir autos sacramentales.

Calderón murió mientras trabajaba en una comedia dedicada a la reina María Luisa, mujer de Carlos II el Hechizado. Su hermano José, hombre pendenciero, fue uno de sus editores más fieles.

Loa

Personajes

Caridad
Fe
Esperanza
Música

Acto único

(Salen los Músicos y mientras se canta la primera copla van saliendo los más que puedan con memoriales, detrás la Caridad en medio de la Fe y la Esperanza y como los va recibiendo los va remitiendo uno a una y otro a otra.)

Música	Venid, mortales, venid,	
	pues que todos sois mendigos	
	de las limosnas de Dios,	
	venid, venid al abrigo,	
	al amparo, al favor, al refugio	5
	con que hoy en Madrid, que es la corte del siglo,	
	la gran Caridad os ofrece su auxilio.	
Uno	Bella Caridad a quien	
	la Fee y la Esperanza vimos	
	asistir como a mayor	10
	virtud, por quien alguien dijo	
	no sin misterio que eres,	
	siendo el amor infinito	
	de Dios, la que sola entras	
	a gozarle en el Impíreo,	15
	en fee de que ya no hay fee	
	en quien le ve incircunscripto	
	ni esperanza en quien le goza,	
	ya que este noble edificio,	
	discurriendo por las calles	20
	de la gran corte a quien hizo	
	de ciencias madre y ciudad	
	del Sol su propio apellido,	

            pues quien dijo Maredit
            uno y otro blasón dijo,   25
            ya que este edificio noble
            (segunda vez lo repito)
            para refugio has labrado
            de los pobres en el sitio
            que de la Puerta del Sol   30
            sin duda te dio el Postigo
            de San Martín, que es quien parte
            la capa con el mendigo,
            si ya la Puerta Cerrada
            no fue, puesto que a ella miro   35
            de la Concepción la imagen
            que a ti por las calles vino
            de la Luna y del Espejo,
            de la Palma y del Olivo,
            al Caballero de Gracia,   40
            sin ver la de los Peligros,
            este humilde memorial
            que decretes te suplico
            de parte mía y de cuantos
            hoy a tu calle venimos   45
            desde los Desamparados
            por la de los Peregrinos.

Caridad   Yo le veré.

Segundo   Yo, señora,
            lo propio en este te pido,
            añadiendo, por si acaso   50
            te compadezco, que vivo...

Caridad   ¿A dónde?

Segundo	A la Buena Dicha que de ti me dio el aviso...	
Caridad	Está bien.	
Tercero	En este yo	
	también mis señas te digo, pues vivo al Humilladero, donde la humildad de Isidro queda a la mano derecha como se va a San Francisco.	55
Caridad	Del suelo alzad.	
Cuarto	Ten de mí piedad.	60
Caridad	Aquese es mi oficio. ¿La casa?	
Cuarto	A las Maravillas que de tus piedades fío.	
Caridad	Id todos con esperanzas de que a todos solicito favorecer, y así, en tanto que estos acuerdos registro, id a esperar allá fuera.	65
Todos y Música	Sí haremos diciendo a gritos: venid, mortales, venid,	70

                    venid, venid al abrigo
                    al amparo, al favor, al refugio,
                    con que hoy en Madrid, que es la corte del
                    siglo,
                    la gran Caridad os ofrece su auxilio.

(Vanse.)

Caridad   Ya, Esperanza y Fee, que solas   75
                    habéis quedado conmigo
                    en junta particular
                    después de haber precedido
                    la general, como en fin
                    consiliarias, leedme os digo   80
                    los memoriales, porque
                    luego que los haya visto
                    los turnos repartan, rondas
                    y visitas, pues es digno
                    que Fee y Esperanza a esto   85
                    de la calle hayan venido
                    del Amor de Dios que yo
                    como Caridad las dicto,
                    y vosotros porque consten
                    mis decretos, repetildos   90
(A la Música.)   en altas voces que al cielo
                    enternezcan los oídos.

Fe   Este memorial, señora,
                    es el primero que vino.

(Lee.)

                    Adán y Eva, dos casados,   95

	que en muchos bienes se han visto,	
	por una deuda a que fueron	
	obligados se han perdido;	
	están con necesidad	
	ellos y todos sus hijos,	100
	y tanto que les obliga,	
	habiendo su albergue sido	
	la calle de los Jardines,	
	a irse a vivir afligidos...	
Caridad	¿Dónde?	
Fe	A la de la Amargura,	105
	y aunque tomaron oficio	
	después en la de Hortaleza	
	lograr en él no han podido	
	más que pan de dolor y agua	
	de lágrimas y gemidos,	110
	y aun esa salobre a causa	
	de que el cristal puro y limpio	
	a ellos del Avemaría	
	está en barrio muy distinto.	
Caridad	Pues mi refugio les dé	115
	a su hambre y su sed alivio,	
	y alivio en que se conozca,	
	Fee, que por tu mano vino	
	a la mía el memorial,	
	y así el Pósito del trigo	120
	que labré a los Recoletos	
	—que es decir los escogidos	
	dos veces, una al ser y otra	
	al ser herederos míos—	

	a ellos y a sus hijos den	125
	limosna de pan y vino.	
Música	Que está Adán remediado sepan los siglos,	
	pues ya vino y pan tienen para sus hijos.	
Esperanza	Madalena, ilustre dama,	
	despojada de vestidos,	130
	adornos, galas y joyas,	
	a tal miseria ha venido	
	que apenas un saco tiene	
	con que reparar el frío	
	y de amor enferma yace	135
	alimentada a suspiros.	
Caridad	¿Dónde vive?	
Esperanza	Al Lavapiés.	
Caridad	¿Qué calle?, que es grande el sitio.	
Esperanza	En la calle del Calvario	
	que es en aquel barrio mismo.	140
Caridad	Puesto, Esperanza, que en ti	
	poner la suya previno,	
	logre la elección: dirás	
	que la lleven mis ministros...	
Esperanza	¿Dónde?	
Caridad	A la Pasión, que es	145
	de las mujeres hospicio.	

Música	A la Madalena decid, amigos,
	que en la Pasión tenga desde hoy su asilo.
Fe	Un paralítico yace
	en una cama tullido 150
	sin tener en muchos años
	hombre que se haya movido
	a ayudarle.
Caridad	¿Dónde está?
Fe	En la picina metido;
	de un carretón por la calle 155
	hoy de las Carretas vino
	a la Plazuela del Ángel.
Esperanza	Y otro mísero mendigo
	llagado yace en la Cuesta
	de San Lázaro.
Caridad	Preciso 160
	será llevar a los dos
	luego dos hermanos míos
	a quien hoy visita y silla
	se les haya repartido,
	al Hospital General 165
	que aunque les parezca un limbo
	en él podrán esperar
	la luz de sus beneficios.
Fe	¿Y en qué han de ir?

Caridad	Si el uno tiene	
	portátil lecho, en él mismo	170
	podrá ir, aunque admire alguno	
	el que le lleva consigo,	
	y al otro puede llevar	
	la silla que perder quiso	
	el rico, pues a obras pías	175
	se aplican bienes perdidos.	
Música	Con su lecho a cuestas vaya el tullido	
	y el mendigo en la silla que perdió el rico.	
Esperanza	¿Y dónde Job, que llagado	
	yace en un estercolinio,	180
	irá?	
Caridad	A la Convalecencia	
	dando en su paciencia indicio	
	que ha de verse en los males que ha	
	padecido	
	con doblados bienes convalecido.	
Fe	Aquí una samaritana	185
	dice que habiendo vivido	
	libre, el mundo la ha dejado,	
	siendo amante y no marido,	
	tan pobre que en las Descalzas	
	la han puesto sus desvaríos;	190
	ella lo anda y tu consuelo	
	pide.	
Caridad	¿Y dónde, si lo ha dicho,	
	vive?	

Fe	En la calle del Pozo.	
Esperanza	Otra a quien también delitos de flaqueza han acusado, y aun pienso que convencido, sus culpas llora y pretende tu favor.	195
Caridad	¿Dónde ha asistido?	
Esperanza	La calle del Desengaño.	200
Caridad	Pues que a entrambas lleven digo.	
Las dos	¿Dónde?	
Caridad	A las Arrepentidas.	
Las dos	De esa suerte lo publico.	
Música	A quien pobre y enferma dejan los vicios den las Arrepentidas su domicilio.	205
Esperanza	Dimas, un facineroso ladrón, se halla mal herido y acude al Refugio a que en sus últimos suspiros le favorezcas.	
Caridad	¿La calle?	210
Esperanza	A lo que el memorial dijo,	

	la calle de las Tres Cruces.
Caridad	Que le lleven determino al Hospital de la Corte donde hay curación de heridos, 215 que aunque hospital sea donde le envío ha de hacérsele a Dimas un paraíso.
Música	Que aunque hospital sea donde le envío ha de hacérsele a Dimas un paraíso.
Fe	Un bizarro caballero, 220 precipitado y altivo, cayó de un caballo y fue tan grande su precipicio que quedó ciego. Por él yo, señora, te suplico. 225
Caridad	¿Tú, Fee?
Fe	Sí, porque su vida me ha de ser de gran servicio.
Caridad	¿Dónde fue?
Fe	En la Corredera de San Pablo.
Caridad	Ya adivino sus señas: ¿no es en la hebrea 230 lengua el más docto rabino?
Fe	Sí es.

Caridad	Pues vaya a la Latina, no tanto porque haya sido hospital de sacerdotes, cuanto porque traducido de la hebrea a la latina cobre luz, vista y sentido.	235
Música	Ya está Pablo a la vida restituido y aunque ha visto no sabe decir qué ha visto.	
Esperanza	Güérfanos de padre y madre la ronda encontró dos niños en la calle de Alcalá, tan extremamente chicos que apenas en la cartilla saben más letra que el cristus. Pastor y Justo se llaman ¿qué harán de ellos?	240 245
Caridad	¿No es preciso que niños de la dotrina vayan a su albergue mismo que es a la Puerta de Moros? Y si pasaren martirio en su escuela digan esos dos niños que el más sabio con ellos no sabe el cristus.	250
Fe	Enfermo está un hombre docto de un contagio que ha podido inficionarle.	255

Caridad	¿Contagio?
Fe	Sí.
Caridad	¿Y es su nombre?
Fe	Augustino.
Caridad	¿Y dónde se halla?
Fe	En las Gradas de San Felipe imagino que asiste.
Caridad	Pues a curarle 260 se acuda.
Fe	A mal tan nocivo ¿dónde la cura han de hacerle?
Caridad	¿Joan de Dios ya no previno un hospital de contagios adonde son admitidos 265 enfermos de pegajosos males?
Fe	Sí.
Caridad	Pues en él fío que se cure, pues en él Joan de Dios le dará aviso.

Fe	Donde Joan de Dios cura vaya Augustino	270
	pues que Joan de Dios sabe desde el principio.	
Esperanza	Úrsola, de una tormenta que derrotó sus navíos, dio en un puerto, cuyo prado habiéndose entonces visto lleno de vírgenes rosas quedó de cárdenos lirios, con que afligidas de ver a la garganta el cuchillo, te piden porque haya donde de los naufragios del siglo otras se amparen sin dar en tormentosos bajíos, que a tiernas vírgenes des tu favor.	275 280
Caridad	Compadecido mi pecho de su dolor y de tu ruego movido verá el mundo que un colegio en que hallen puerto y abrigo desamparadas purezas en otro prado fabrico, y así la calle del Prado para su fábrica elijo y no acaso.	285 290
Esperanza	Claro está, mas por qué, señora, dinos.	295

Caridad	Porque estén guarecidas de aires impíos tiernas flores a vista del Buen Retiro.
Música	Porque estén guarecidas de aires impíos tiernas flores a vista del Buen Retiro.
Fe	Para aqueste memorial, 300

Fe
    Para aqueste memorial,   300
    señora, atención te pido:
    a María de Joseph,
    viuda y pobre, ha muerto un hijo
    injusta justicia pues
    fue por ajeno delito,   305
    y con tres necesidades
    llorando está el homicidio:
    una, que a sus brazos no hay
    quien le baje del suplicio;
    otra, que si no es su toca   310
    no tiene otro cendal limpio
    en que amortajarle, y otra,
    faltarle sepulcro digno
    en que a virgen tierra vuelva
    quien en virgen tierra vino.   315

Caridad   ¿Dónde madre y hijo se hallan?

Fe   El yerto cadáver frío
    está en Santa Cruz bien como
    difunto no conocido
    con quien la misericordia   320
    pedir suele en aquel sitio,
    y ella en la Soledad.

Caridad	Pues
siendo como es ejercicio
por estatuto, en la casa
de mi segundo Francisco 325
(que por blasón a las puertas
tiene caridad escrito)
enterrar ajusticiados,
como han tardado remisos
sus congregantes, dirás 330
que entreguen al improviso
el cuerpo a su madre y sea
el sepulcro que dedico
para él...
Las dos	¿Dónde?
Caridad	En Corpus Criste,
que a San Salvador vecino, 335
no solo allí cerca tiene
el Sacramento Divino
pero también la Almudena,
que como casa de trigo
dé la ofrenda del entierro, 340
con que volviendo al principio
la visita, si al primero
Adán se dio pan y vino,
viendo que se da al segundo
vino y pan, será preciso 345
que pasando de cruento
a incruento sacrificio,
en la Vitoria de que es
el Buen Suceso testigo,
se transustancie de suerte 350

	su sangre y su cuerpo mismo	
	que en vino y pan le adoremos	
	glorioso, triunfante y vivo.	
Esperanza	Ya en esa esperanza yo	
	alegre a sus pies me humillo.	355
Fe	Y yo en esa fee pasando	
	lo doloroso a festivo	
	en culto de ese misterio	
	has de ver que te apercibo	
	devoto festín.	
Caridad	¿De qué?	360
Fe	De un auto a que he reducido	
	el asunto de la loa.	
Caridad	¿Cómo?	
Fe	Como si ella ha sido	
	el refugio de los pobres,	
	hallen los más afligidos	365
	en él su consuelo.	
Caridad	Pues	
	¿cuál es del auto el motivo	
	que dé a los pobres consuelo?	
Fe	Mostrar que está repartido	
	a cada uno lo mejor	370
	y lo que más le convino:	
	No hay más fortuna que Dios	

	se intitula.
Caridad	Yo te admito
el festín porque hoy aun es
devoción el regocijo. 375
Esperanza	Yo ayudar en él ofrezco.
Uno	Y todos agradecidos

(Salen todos.)

	la ayudaremos.
Fe	Pues sea,
remitiendo lo prolijo
de otras loas, desta el fin 380
lo que se cantó al principio.
Todos y Música	Venid, mortales, venid,
pues que todos sois mendigos
de las limosnas de Dios.
Venid, venid al abrigo, 385
al amparo, al favor, al refugio,
con que hoy en Madrid, que es la corte del siglo,
la gran Caridad os ofrece su auxilio.
Caridad	Y con que el deseo de los que os servimos
merezca el perdón no quiere más vítor. 390
Todos	Y con que el deseo de los que os servimos
merezca el perdón no quiere más vítor.

Fe	Yo como Fee a ese misterio	
	has de ver que te apercibo	
	devoto festín de un auto.	
	que tenga por apellido	
	las órdenes militares	5
	en que pretendiente Cristo	
	de militar cruz, segundo	
	Adán repare benigno	
	villanías del primero.	10
Caridad	Yo el agasajo te admito	
	porque se vea que hoy es	
	devoción el regocijo.	
Fe	Yo como Fee a ese misterio	
	has de ver que te apercibo	
	devoto festín de un auto.	
Caridad	Yo el agasajo te estimo	
	porque se vea que hoy es	5
	devoción el regocijo.	
Esperanza	¿Y qué título le das?	
Fe	El de Siquis y Cupido.	
Esperanza	Yo ayudar en él ofrezco.	
Uno	Y todos agradecidos	10
(Salen todos.)	la ayudaremos.	
Fe	Pues sea,	

	remitiendo lo prolijo	
	de otras loas, de esta el fin	
	lo que se cantó al principio.	
Todos y Música	Venid, venid, mortales, venid	15
	pues que todos sois mendigos	
	de las limosnas de Dios.	
	Venid, venid al abrigo	
	al amparo, al favor, al refugio	
	con que hoy en Madrid, que es la corte del siglo,	20
	la gran Caridad os ofrece su auxilio	
Caridad	Y con que el deseo de los que os servimos	
	merezca el perdón, no quiere más vítor.	
Todos y Música	Y con que el deseo de los que os servimos	
	merezca el perdón, no quiere más vítor.	25

Fin

Libros a la carta

A la carta es un servicio especializado para
empresas,
librerías,
bibliotecas,
editoriales
y centros de enseñanza;
y permite confeccionar libros que, por su formato y concepción, sirven a los propósitos más específicos de estas instituciones.

Las empresas nos encargan ediciones personalizadas para marketing editorial o para regalos institucionales. Y los interesados solicitan, a título personal, ediciones antiguas, o no disponibles en el mercado; y las acompañan con notas y comentarios críticos.

Las ediciones tienen como apoyo un libro de estilo con todo tipo de referencias sobre los criterios de tratamiento tipográfico aplicados a nuestros libros que puede ser consultado en Linkgua-ediciones.com.

Linkgua edita por encargo diferentes versiones de una misma obra con distintos tratamientos ortotipográficos (actualizaciones de carácter divulgativo de un clásico, o versiones estrictamente fieles a la edición original de referencia).

Este servicio de ediciones a la carta le permitirá, si usted se dedica a la enseñanza, tener una forma de hacer pública su interpretación de un texto y, sobre una versión digitalizada «base», usted podrá introducir interpretaciones del texto fuente. Es un tópico que los profesores denuncien en clase los desmanes de una edición, o vayan comentando errores de interpretación de un texto y esta es una solución útil a esa necesidad del mundo académico.

Asimismo publicamos de manera sistemática, en un mismo catálogo, tesis doctorales y actas de congresos académicos, que son distribuidas a través de nuestra Web.

El servicio de «libros a la carta» funciona de dos formas.

1. Tenemos un fondo de libros digitalizados que usted puede personalizar en tiradas de al menos cinco ejemplares. Estas personalizaciones pueden ser de todo tipo: añadir notas de clase para uso de un grupo de estudiantes, introducir logos corporativos para uso con fines de marketing empresarial, etc. etc.

2. Buscamos libros descatalogados de otras editoriales y los reeditamos en tiradas cortas a petición de un cliente.

www.ingramcontent.com/pod-product-compliance
Lightning Source LLC
Chambersburg PA
CBHW032109040426
42449CB00007B/1230